Pittaluga ♔ Miranda

Adelaida Pittaluga y Ana Miranda 2021

Código de registro: 2111069737436

Tere Tiranosaurio
y el primer árbol de Navidad

A la familia.

A todas:

nucleares, diversas, monoparentales, extensas,

éticas, peréticas, perimpimpléticas.

Este cuento de ternura, poesía y humor,

va dedicado a cada una de ellas, con todo mi amor.

Hace millones de años atrás,
la familia Tiranosaurio inventó el primer árbol de Navidad
en un bosque muy frío y con nieve,
para encontrar a su hija T-Rexa, a quien todos llamaban Tere.

Sus hermanos revoltosos, la llamaban "pequeñita"
porque no era tan fuerte ni tan grande como ellos,
que eran unos enormes T-Rex musculosos y traviesos.

Como Tere era muy lista, siempre les decía
que todo depende de la situación
y que lo más importante en esta vida,
es la valentía y la compasión.

Mamá y papá Tiranosaurio les enseñaron
que cada uno es diferente y especial,
y lo bonito de ser familia
es aceptarnos y querernos de verdad.

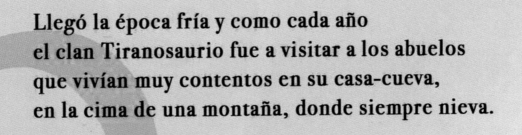

Llegó la época fría y como cada año
el clan Tiranosaurio fue a visitar a los abuelos
que vivían muy contentos en su casa-cueva,
en la cima de una montaña, donde siempre nieva.

A Tere le encantaba ir a ver a sus abuelos,
porque juntos hacían tartas y galletitas,
con sus pequeñas manitas.

También la familia jugaba a patear una bola de piedra
formando dos equipos: los Tyranos contra los Saurios.
Y se divertían inventando unas reglas muy locas,
como pasar entre dos arcos, la roca.

Tere deseaba ver a sus abuelos otra vez
y sonreía feliz por el camino.
De pronto rugió el viento blanco y frío,
y tan fuerte la empujó
que con una raíz se tropezó.

Dando tumbos comenzó a rodar cuesta abajo muy deprisa
y como la pescadilla que se muerde la cola,
rodó y rodó hecha una bola.

Su familia no oyó su grito,
porque la tormenta de nieve era tan fuerte,
que no hubieran oído ni el choque de un meteorito.

Fue así como Tere Tiranosaurio llegó rodando
a un valle lleno de árboles y pinos,
algo mareada y sin saber dónde estaba.

Comenzó a caminar por el bosque
y encontró unas hormigas muy laboriosas,
que llevaban semillas, granos y hasta pétalos de rosas.

Querían mondar una nuez
pero era muy grande y pesada para las obreras,
entonces Tere las ayudó
partiéndolas con sus patas traseras.

17

Las hormigas muy contentas celebraron su gran fuerza,
compartiendo con Tere tres nueces y una berza.
Antes de continuar su camino para encontrar a su familia,
la colonia de hormigas la nombró su mejor amiga.

Tere caminó despistada sin saber dónde estaba,
pensando en sus padres, sus hermanos, sus abuelos
y en las ganas que tenía de volver a verlos.

Mientras caminaba se topó con unos renos que, con sus astas, querían alcanzar las manzanas más altas.
Tere supo que aunque sus hermanos la llamaban "pequeñita", ella era más grande que los renos y también más pesada.

Entonces corrió y le dio un topetazo al árbol que se sacudió
y todos los frutos cayeron.
Ella y los renos, cubiertos de manzanas, rieron
y después de curarle el chichón a Tere,
juntos se las comieron.

25

Siguió Tere su camino para encontrar a su familia
cuando de pronto escuchó –¡Socorro! ¡Socorro!
Enseguida fue a ver a quién podía ayudar,
porque, aunque ella estuviera perdida,
eso no le impedía ser una buena amiga.

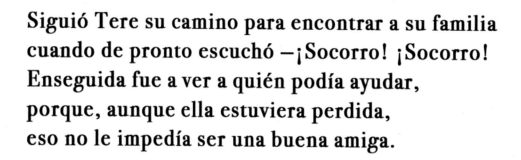

Encontró a mamá tortuga muy preocupada,
porque sus hijitas se habían caído en un hoyo
por no andar con ojo,
mientras buscaban remolachas, zanahorias y algún hinojo.

Tere Tiranosaurio viendo el peligro,
encontró una solución
y mamá tortuga le dio su aprobación.
Estiró la cola para rescatar a las tortuguitas
y las pescó a ellas, con sus verduritas.

La familia Tortuga muy agradecida la invitó a almorzar.
Comieron las verduras en un caldo y a Tere le gustaron tanto,
que devoró dos platos sin pestañear.

Jugó un buen rato con las pequeñas
y al llegar la tarde, con cariño se despidió.
Mamá tortuga buena suerte le deseó
para que encontrara el camino de nuevo,
hacia sus padres, sus hermanos y sus abuelos.

Llevaba Tere andando unas horas,
cuando vio un montón de luciérnagas iluminando el sendero
con las lamparitas de sus traseros.

De pronto todas volaron asustadas,
porque una pícara rana les sacaba la lengua
mientras croaba en lo alto de una rama,
preguntando a voz en grito dónde estaba el agua.

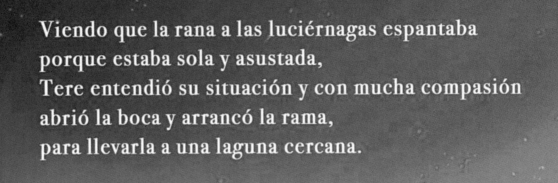

Viendo que la rana a las luciérnagas espantaba
porque estaba sola y asustada,
Tere entendió su situación y con mucha compasión
abrió la boca y arrancó la rama,
para llevarla a una laguna cercana.

Mientras tanto su familia al completo,
al valle bajó preocupada
y a todos los habitantes del bosque
preguntaron con simpatía,
si habían visto a una pequeña tiranosauria perdida.

—Sí, la vimos. ¡Somos sus amigas! —dijeron las hormigas—,
pero no es pequeña. ¡Es muy grande y es muy buena!
Nos ayudó y las nueces compartimos.
Y como os echaba de menos, por allí continuó su camino.

Los hermanos de Tere preguntaron a los renos si la habían visto.
—¡Claro! ¡Somos sus amigos! Es muy fuerte y generosa.
Nos ayudó y las manzanas compartimos.
Y como os echaba de menos, por allí continuó su camino.

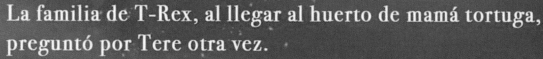

La familia de T-Rex, al llegar al huerto de mamá tortuga,
preguntó por Tere otra vez.
—Sí, la vimos. ¡Somos sus amigas! Es muy valiente y compasiva.
Salvó a mis hijitas y las verduras compartimos.
Y como os echaba de menos, por allí continuó su camino.

Las luciérnagas respondieron antes de que les preguntaran,
que ellas eran amigas de Tere
y que las había salvado de la pícara rana,
llevándosela a una laguna cercana.

La abuelita T-Rex, que de tanto andar le dolían los pies,
tuvo la idea brillante de construir un faro para guiar a su nieta
que era tan inquieta.
Porque Tere, sin duda era muy fuerte, valiente y cariñosa,
pero orientarse en los caminos,
no era su habilidad más valiosa.

Entonces, la abuela buscó el pino más grande y hermoso
que había en el valle.
Reunió a la familia y a los nuevos amigos a su lado
y les pidió que adornaran el árbol nevado.

Todos ayudaron y juntos pusieron en las ramas del pino,
las frutas y verduras con estilo.
Las hormigas colgaron nueces, los renos manzanas
y las tortugas con calma y buen ojo,
colocaron remolachas, zanahorias e hinojos.

Dejaron el árbol tan precioso, que al verlo, se emocionaron,
pero al notar que ya era de noche, todos se preocuparon.
Porque ver en la oscuridad el pino y su belleza,
sería para Tere toda una proeza.

Los padres de Tere pidieron a las luciérnagas
que envolvieran el árbol con su luz brillante,
para guiar a su hija perdida y errante.
Ellas lo hicieron con gusto y se encendieron a la vez,
aunque algunas titilaron al ponerse del revés.

No muy lejos de allí, Tere se despedía de las ranas
que agradecidas, croaban su bondad.
Porque allá donde ella iba,
aún estando perdida, hacía amigos de verdad.

Tere sonrió al darse cuenta que mientras más amor daba,
más recibía y cuanto más ayudaba mejor se sentía
y aunque esto no lo entendiera la razón,
lo comprendía muy bien el corazón.

Siguió andando y desde un claro del camino,
vio a lo lejos lucecitas con forma de pino.
Al mirar los adornos que de él colgaban,
notó que eran las frutas y verduras que tanto le gustaban.
Como hacía un buen rato que Tere no había comido,
hacia las luces que brillaban, caminó a paso vivo.

Cuando Tere, por fin llegó a su destino,
se maravilló al encontrar a su familia y sus amigos,
esperándola alrededor del iluminado pino,
que como un faro en la niebla, la guió con buen tino.

Se abrazaron muy fuerte, rieron y lloraron.
Estaban tan emocionados de volver a encontrarse,
que cantaron, brincaron
y hasta una danza inventaron.

Cuando por fin se calmaron de tanta emoción,
junto al árbol adornado cenaron frutas y verduras,
mientras Tere contaba las aventuras,
que un tropiezo originó.

Desde entonces,
cuando llega la estación fría del año,
se encuentran familias y amigos
para decorar el árbol
con luces y adornos como antaño.

Para iluminar el camino
a quienes se han perdido
y reunir a quienes siempre se han querido,
en torno a la mesa, riendo y celebrando
con amor y alegría,
como le sucedió en su día,
a Tere Tiranosaurio.

¡Y chin chipirín, este cuento llegó a su fin!

Made in the USA
Las Vegas, NV
07 December 2024

13497740R00036